Bloques de construcción

Claire Owen

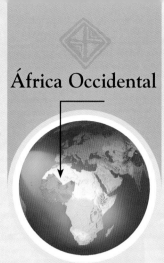

Me llamo Siraj. Vivo en Nigeria, que está en África Occidental. Me siento muy orgulloso de las interesantes construcciones de barro de África Occidental. ¿Qué forma tiene tu casa? ¿De qué está hecha?

Contenido

Donde me veas
encontrarás actividades
que reforzarán tu
aprendizaje y preguntas
para responder.

Hechos de barro

Los habitantes de África Occidental han construido chozas y casas con barro durante miles de años. El barro ofrece muchas ventajas como material de construcción. Es fácil conseguirlo y trabajar con él. En los climas cálidos y secos las chozas de barro no corren peligro de ser derrumbadas por las fuertes lluvias y su interior permanece fresco. ¡Y lo mejor de todo es que el barro es muy barato!

El pueblo dogon, de Mali, en África Occidental, es famoso por sus aldeas con graneros y chozas de barro con techos planos o de paja.

granero Construcción para almacenar granos.

¿Cuáles son las formas de estas construcciones de África Occidental? ¿Puedes encontrar una parecida a un cubo? ¿A una pirámide? ¿A un cono? ¿A un cilindro?

Arquitectura sorprendente

No todas las construcciones de barro de África Occidental son chozas o casas sencillas. La mezquita de la ciudad de Djenné, en Mali, es el edificio de barro más grande del mundo. Cada primavera, después de la temporada de lluvias, los habitantes de la ciudad ayudan a recubrir la mezquita con una mezcla de barro y cáscara de arroz llamada *banco*.

mezquita   Sitio de adoración de los creyentes del islam, la religión musulmana.

La mezquita de Djenné está construida sobre una base cuadrada que mide 76.2 metros por cada lado. Adentro, la sala de oración mide 50.3 metros por 25.9 metros, y el patio mide 45.7 metros por 19.8 metros.

Usa una calculadora para hallar el área de la sala de oración (en metros cuadrados). ¿Cuánto más grande es la sala de oración que el patio?

área Extensión o tamaño de una superficie.

Bloques de construcción

La gente de todo el mundo ha usado figuras geométricas como bloques de construcción de casas, edificios públicos y puentes. Estos bloques de construcción incluyen figuras tridimensionales (3-D), como pirámides, conos, cilindros, prismas e incluso esferas. El diseño de algunas construcciones es sencillo, basado en una sola figura, pero también hay otras que tienen varias figuras juntas.

Domo *La Défense*, París, Francia

figuras geométricas Figuras bidimensionales (2-D) o tridimensionales (3-D): rectángulos, triángulos o prismas.

Los prismas rectangulares suelen usarse como bloques de construcción. Estos prismas rectangulares están hechos de hielo.

Palacio de Hielo de St. Paul, Minnesota, Estados Unidos de América

Resuélvelo

1. Escoge una de las figuras tridimensionales que aparecen abajo. ¿Cómo se llama? ¿Cuántas caras, aristas y vértices tiene?

2. Elige dos de las figuras tridimensionales. ¿En qué se parecen? ¿En qué son diferentes?

3. ¿Cuál de las figuras tridimensionales de arriba es tu favorita? ¿Dónde podrías verla en tu vida diaria?

vértice   Punto en el que concurren los lados de un triángulo, cuadrado, u otro polígono y las aristas de los poliedros.

Unión de prismas

Muchas construcciones de hoy están formadas por prismas rectangulares o "formas de caja". Sin embargo, los prismas tienen muchas otras formas. Cada prisma recibe su nombre por la forma de su base. A una figura tridimensional con triángulos como bases, unidos con rectángulos, se le llama prisma triangular.

Algunos prismas poseen nombres especiales. Un prisma rectangular con seis caras congruentes se llama cubo.

congruente Idéntico en tamaño y forma.

10

Rotterdam, Países Bajos (arriba); Pentágono, Virginia, Estados Unidos de América (abajo).

Loretto Inn, Nuevo México, Estados Unidos de América.

¿Qué figuras de prisma observas en los edificios de esta página?

Torre NEC, Tokio, Japón.

Pirámides antiguas

Las pirámides más famosas del mundo se encuentran en Gizeh, Egipto. Se construyeron hace más de 4,500 años como tumbas o sepulturas de los faraones egipcios. Una de las siete maravillas de la antigüedad, la pirámide de Keops, fue la estructura más alta de la Tierra durante más de 43 siglos. La Gran Pirámide de Keops es la construcción egipcia más grande, aunque esto no siempre se observa en las fotografías.

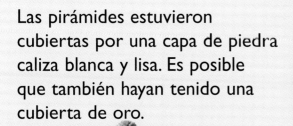

Las pirámides estuvieron cubiertas por una capa de piedra caliza blanca y lisa. Es posible que también hayan tenido una cubierta de oro.

Keops

Kefrén

Mikerinos

Pirámides de Gizeh

Pirámide	Altura	Lado de la base cuadrada
Keops	146.7 metros	230.5 metros
Kefrén	143.6 metros	214.7 metros
Mikerinos	65.8 metros	105.5 metros

Construye una pirámide

Para construir una pirámide necesitarás una hoja de cartulina, una regla, un lápiz, unas tijeras, un compás, una escuadra y cinta adhesiva.

1. En el centro de la cartulina, dibuja un cuadrado con lados de 6.5 centímetros (usa como ayuda la escuadra). Marca con una A una esquina y con una B la otra.

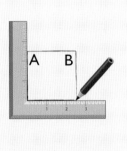

2. Fija el compás a 7.5 centímetros. Coloca la punta en la esquina A. Con la otra, dibuja una parte de un círculo.

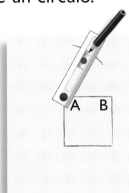

3. Ahora, repite lo anterior desde la esquina B. El punto donde las líneas curvas se cruzan es el C. Traza una línea de A a C y otra de B a C.

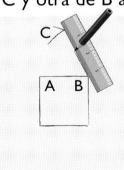

4. Repite los pasos 2 y 3 en los otros lados del cuadrado. Corta el **modelo plano**, dobla a lo largo de cada línea y une los bordes con cinta adhesiva.

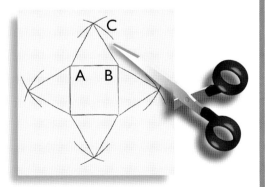

modelo plano   Diagrama bidimensional que puede doblarse para hacer una figura tridimensional.

Pirámides modernas

Los arquitectos modernos utilizan aún el modelo de la estructura de la pirámide. Por ejemplo, en París, Francia, se construyó una pirámide de cristal como entrada del famoso Museo del Louvre. En Edmonton, Canadá, el Conservatorio Muttart cuenta con tres invernaderos en forma de pirámide. Dado que cada uno tiene un clima distinto, los visitantes pueden ver plantas de diferentes partes del mundo.

La pirámide de cristal ubicada afuera del Museo del Louvre se terminó de construir en 1989. Bajo la pirámide exterior hay una pirámide invertida que, a su vez, descansa sobre otra pequeña pirámide.

arquitecto Persona que planifica y diseña edificios.

14

Los dos invernaderos más grandes de Edmonton (abajo) tienen 24 metros de alto y 25.6 metros a lo largo de la base. La Pirámide Transamérica de San Francisco (derecha) mide 257.7 metros de altura y 53.3 metros de ancho en la base.

Describe las diferencias que hay entre las pirámides de cristal de Edmonton y la Pirámide Transamérica.

La familia de las pirámides

Cuando la mayoría de las personas escucha la palabra pirámide, imagina una forma de base cuadrada, similar a las famosas pirámides de Gizeh. Sin embargo, la base de una pirámide puede ser un triángulo, un hexágono, un octágono o cualquier otro polígono. La base no tiene que ser simétrica y los lados pueden inclinarse en diferentes ángulos. Lo que una verdadera pirámide debe tener es un punto en la cima y caras planas.

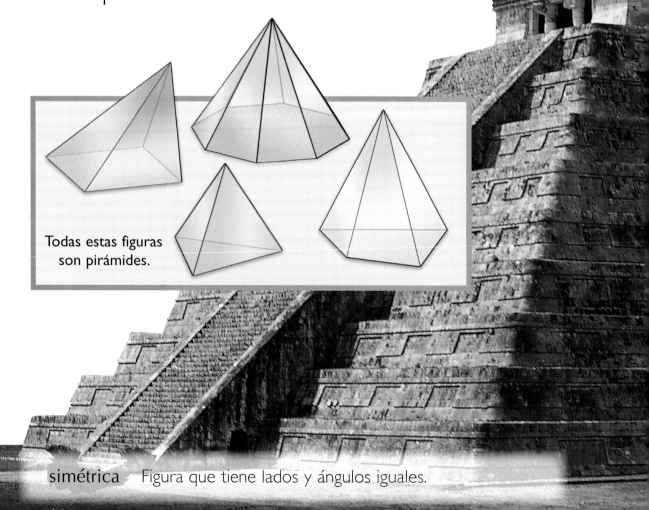

Todas estas figuras son pirámides.

simétrica   Figura que tiene lados y ángulos iguales.

¿Qué formas tienen los techos de arriba? ¿Qué figuras componen la pirámide maya de la izquierda?

En términos matemáticos, las famosas pirámides mayas de Chichén Itzá, México, no son en verdad pirámides. No tienen un ápice y hay escalones en cada cara.

ápice Punta de una pirámide o un cono.

Vivir en el interior de un círculo

¿Cómo crees que sería una casa redonda? ¿Qué forma tendrían las habitaciones? ¿Serían planas o curvas las puertas y ventanas? ¿Podrían acomodarse bien los muebles contra las paredes? Una casa basada en un cilindro o en un cono podría plantear desafíos especiales para el constructor, a menos que se tratara de una estructura simple, de una sola habitación.

A fines de la década de 1940, Richard Buckminster Fuller inventó el domo geodésico, el edificio más ligero, más fuerte y más económico jamás diseñado. Estos domos se construyen con triángulos, los cuales fortalecen la estructura.

Haz un plano de piso circular

Crea tu propio plano de piso para diseñar una casa circular. No te olvides de incluir la cocina, el baño y otras habitaciones de tu elección.

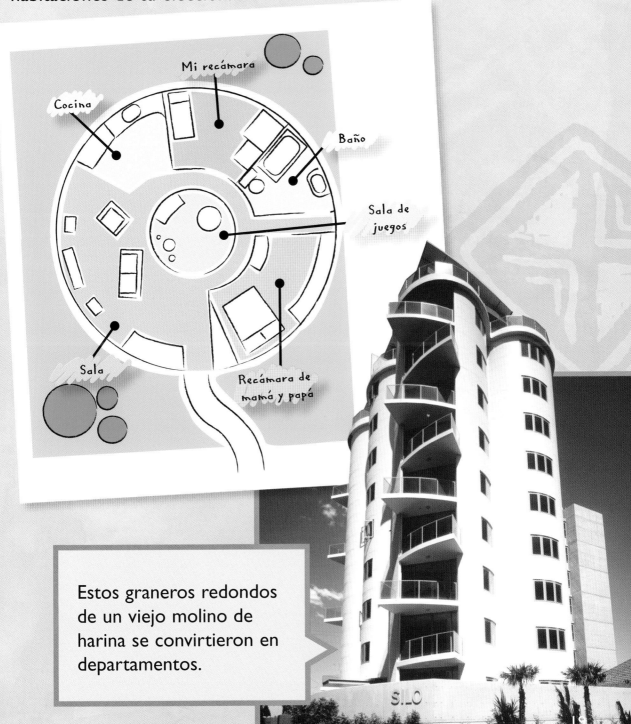

Cocina

Mi recámara

Baño

Sala de juegos

Sala

Recámara de mamá y papá

Estos graneros redondos de un viejo molino de harina se convirtieron en departamentos.

SILO

Cubiertas en forma de cono

El cono es una figura muy natural para el techo de una casa redonda. Pueden encontrarse techos en forma de cono en muchos tipos diferentes de edificios, desde las chozas de barro de África Occidental, hasta las *trulli* del sur de Italia. Las *trulli* son casas de piedra redondas de hasta 500 años de antigüedad. Las paredes tienen varios centímetros de espesor y los techos están hechos de piedras pequeñas.

Casa *trulli*, Italia

Taj Mahal, India

Pocos edificios son cilindros perfectos y muchos techos no son conos perfectos. ¿Cómo describirías los techos y los edificios de estas páginas?

Templo del Cielo, Beijing, China (arriba)
Basílica de San Pedro, Moscú, Rusia (derecha)

¡Formas no tan simples!

No todas las construcciones están basadas en figuras geométricas familiares. A algunos arquitectos les gusta utilizar nuevas formas para crear edificios de apariencia poco usual. El arquitecto español Antonio Gaudí (1852-1926) utilizó paredes curvas para dar una apariencia natural a los edificios. Incluso ahora, algunas de las construcciones de Gaudí parecen haber salido de un cuento o una película fantástica.

Casa Mila, en Barcelona, España, es un edificio de departamentos diseñado por Gaudí. Se construyó con paredes curvas y onduladas.

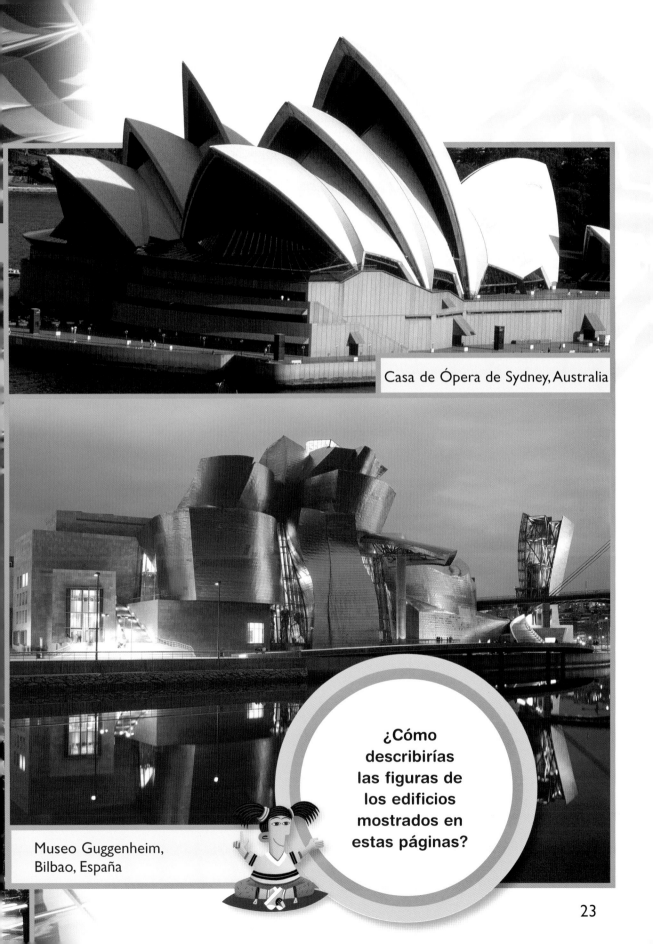

Casa de Ópera de Sydney, Australia

Museo Guggenheim,
Bilbao, España

¿Cómo describirías las figuras de los edificios mostrados en estas páginas?

Respuestas

Elabora un cartel en el que se muestren edificios de figuras diferentes. Puedes buscarlos en revistas o en Internet, o bien, dibujarlos tú mismo.

Página 5   Cuerpos geométricos

Página 7   Sala: 1,302.7 metros cuadrados.
La sala es 397.9 metros cuadrados más grande.

Página 9   1. (Véase el siguiente cuadro)

Figura	Caras	Aristas	Vértices
Cubo	6	12	8
Prisma rectangular	6	12	8
Cilindro	3	2	0
Cono	2	1	1
Esfera	1	0	0
Hemisferio (semiesfera)	2	1	0
Pirámide cuadrada	5	8	5
Prisma hexagonal	8	18	12

Página 11   Las respuestas pueden incluir: cubos (arriba); prisma pentagonal (centro); prismas rectangulares (abajo); prismas rectangulares y prismas triangulares (derecha).

Página 17   Techo: pirámide octagonal, pirámides mayas: las respuestas pueden incluir ("rebanadas" de pirámides con base ancha y un prisma rectangular en la cima).

Índice temático